# A CŒUR BATTANT

En application de l'art. L.137-2.-I. du code de la propriété intellectuelle, toute reproduction et/ou divulgation de parties de l'oeuvre dépassant le volume prévu par la loi est expressément interdite.

© Jalouzot Mélanie, 2025

Édition : BoD · Books on Demand, 31 avenue Saint-Rémy, 57600 Forbach, bod@bod.fr
Impression : Libri Plureos GmbH, Friedensallee 273, 22763 Hamburg (Allemagne)

ISBN : 978-2-3224-7909-2
Dépôt légal : Janvier 2025

JALOUZOT Mélanie

# **A CŒUR BATTANT**

## Table des matières

La lutte, le combat intérieur ............................................. 14

La mémoire et l'héritage .................................................. 24

L'ombre de l'absence ..................................................... 36

Le ciel se referme ........................................................ 45

Les heures cruelles ....................................................... 53

Mourir dans la dignité? ................................................... 66

Acceptation et résilience ................................................. 81

A 24 ans, j'incarne la voix d'une génération en quête de sens face à la perte.
J'écris en hommage à mon père, je transforme ma douleur en poésie, explorant avec sensibilité des thèmes universels tels que la fin de vie et la résilience.
Mes mots évoquent des émotions profondes et une lumière persistante, rappelant à chacun que l'espoir existe même dans les moments les plus sombres.

Dans mon recueil je partage mon parcours de deuil pour aider ceux qui traversent des épreuves similaires, offrant un espace de résonnance et de réconfort.
Par mes écrits, j'invite mes lecteurs à embrasser leurs propres histoires, à reconnaître la force qui sommeille en eux et à trouver la beauté dans les souvenirs.
Je rappelle avec passion que chaque lutte peut mener à une lumière intérieure, accessible à tous.

La perte d'un être cher est une expérience universelle, mais, chaque histoire est unique.
Dans ce recueil de poésie, j'explore les thèmes du deuil, de la maladie et de la fin de vie à travers le prisme de l'amour que j'ai pour mon père. Un homme dont la force et le courage symbolisé par son signe astrologique, le lion, resteront gravés en moi.

Mon père a mené un combat acharné contre une maladie qui l'a emporté bien trop tôt, à l'âge de 47 ans.
Tout au long de sa lutte, il a fait preuve d'une résilience exceptionnelle inspirant tous ceux qui l'entouraient.
Il nous a appris une véritable leçon sur la manière de se battre, de ne jamais abandonner.

Ce livre est à la fois un hommage et un témoignage.
A travers ces mots, je souhaite honorer son héritage et partager les leçons de sa vie.
Sa passion pour les éléphants, ces animaux majestueux, connus pour leur sagesse et leur force, représentent la façon dont mon père a affronté la vie.

Chaque poème est une fenêtre sur notre réalité, à ceux qui comme lui, ont luttés contre l'adversité.

J'aborde la complexité des émotions qui accompagnent la perte : la tristesse, la colère, mais aussi la gratitude pour les moments partagés.

La fin de vie est un thème central, car, je crois fermement que chaque départ mérite d'être traité avec dignité et respect.

Je m'interroge sur le traitement de la souffrance, sur l'indignités des derniers instants, et sur la nécessité d'accompagner ceux que nous aimons vers une fin paisible.

A travers mes vers, j'espère toucher le cœur de ceux qui ont vécu des épreuves similaires, et leur offrir un espace de résonnance et de compréhension.

Enfin, ce recueil est aussi une célébration de la vie, de la beauté des souvenirs et de l'importance de transmettre notre histoire.
A travers chaque mot, je veux transmettre l'amour inconditionnel que j'ai pour mon père et la fierté d'avoir été à ses côtés jusqu'à la fin.

J'invite le lecteur à plonger dans ces pages, à ressentir les émotions brutes et sincères, et à trouver dans ces mots un écho à leur propre vécu.

Que ces poèmes soient une source de réflexion et de réconfort, non seulement sur la perte, mais aussi sur l'amour qui perdure au-delà de la vie.

**A toi, papa.**

*Pour que ton histoire continue de résonner.*

**La lutte, le combat intérieur**

Elle s'est insinuée dans ta vie,
Sournoise et silencieuse,
Cette maladie qui a fait de toi
Son champ de bataille.
Je t'ai vu te battre,
Jour après jour,
Le regard toujours tourné vers l'horizon,
Tu avais cette force
Que je n'avais jamais vue chez personne,
Une force qui venait d'un cœur indomptable,
D'une âme forgée dans la lumière.

Elle grignote tes forces, tes sourires
Et chaque jour qui passe,
Elle nous vole un peu plus de toi.
Je t'observe,
Toi qui te bats sans trêve,
Et je me bats moi aussi,
Mais contre le silence,
Le silence de cette ombre
Qui ne dit rien,
Mais qui emporte tout.

Quand le corps tremble et vacille,
Comme un bateau en mer déchaînée,
Je me demande combien de temps tu pourras tenir.
Dans cette bataille silencieuse,
Tes mains cherchent l'ancre,
Mais le vent souffle trop fort,
Et tout ce que je peux faire c'est observer,
Désemparée, impuissante,
Nous sommes ensemble sur ce navire qui se fissure,
Et pourtant, tu portes seul le poids du naufrage.

Elle s'est installée en toi,
Cette ombre qui grandit,
Qui se répand
Comme une marée noire,
Discrète mais implacable.

Un 21 Aout,
Un lion s'est levé.
Il a affronté la tempête,
Refusant de plier.
La maladie, ce monstre,
A voulu le briser,
Mais son cœur battait encore,
Vibrant de vérité.

Dans l'ombre des jours sombres,
Un rugissement s'élève.
Un lion au cœur vaillant,
Battant contre la trêve.
Chaque souffle était une lutte,
Une danse avec la douleur,
Un héritage de force,
Sculpté par l'honneur.

Les griffes du destin,
Il les a affrontées.
Avec la fierté d'un roi,
Jamais abattu,
Jamais las.
Dans ses yeux, une flamme,
Dans son âme, un éclat,
Il a lutté pour la vie,
Pour nous,
Pour le bonheur.

Ils disent que la vie s'éteint doucement,
Que la vie est un souffle, un apaisement.
Mais j'ai vu la lutte,
J'ai vu la guerre,
Dans ses yeux, la flamme,
Dans son corps la misère.

Il ne voulait pas partir,
Pas ainsi,
Chaque seconde, un combat,
Chaque souffle, un cri.
Son corps brûlait de douleur,
Son âme de volonté.
Et moi, je restais là,
Impuissante.
Dans cette lente torture,
Il s'est battu,
Même quand la lumière semblait avoir
DISPARU.

**La mémoire et l'héritage**

Ta lutte, c'était plus qu'un combat,
Contre la maladie,
C'était un combat pour nous,
Pour ceux qui t'aiment,
Pour laisser une empreinte de toi en nous.
Tu as gagné, car aujourd'hui,
Ta force vit en nous.

Des éléphants dansent dans mon cœur,
Avec la sagesse des âges, avec douceur.
Ton amour pour eux, tatoué dans ma chair,
Un symbole d'éternité, de force et de lumière.

Il y a des hommes qui abandonnent,
Qui se laissent emporter par le courant.
Toi, jamais,
Tu as tenu jusqu'à la dernière seconde,
Le cœur battant,
Les poings serrés.
Je n'oublierai jamais la force
Avec laquelle tu as fait face,
Alors même
Que le reste de ton corps
Commençait à céder.

J'étais là, jusqu'à la fin,
A te regarder te battre.
Et jamais je n'oublierai la rage
Avec laquelle
Tu as fait face
A l'inévitable.
Même dans la défaite,
Tu restes victorieux,
Car tu n'as jamais baissé les armes.

Dans mon dos un éléphant veille,
Comme une ombre fidèle,
Un hommage silencieux à ta force,
Toi, le lion fort et majestueux,
Fier et indomptable.
Et pourtant, c'est l'éléphant que tu chérissais le plus,
Je comprends maintenant pourquoi,
Comme lui, tu avais ce calme imposant face aux tempêtes,
Cette force immense qui te caractérisait,
En portant cet éléphant,
Je te porte aussi,
Car il symbolise tout ce que tu étais :
La sagesse, la force et la puissance.

Un éléphant gravé,
Comme une marque indélébile
De toi en moi,
Je porte ton symbole à travers ma chair,
Et avec lui,
Je porte ton histoire,
Tes rêves,
Tes batailles.
Il est là cet éléphant,
Comme tu l'es en moi :
Inébranlable et éternel.

Chaque pas résonne
Dans le silence de ma peine,
Comme une promesse gravée,
Une étreinte sereine.
Là où tu es papa,
Au-delà de la douceur,
Les éléphants se rassemblent,
Porteurs de ta chaleur.

Ils gardent en mémoire,
Chaque rire, chaque souvenir,
Et dans le souffle du vent,
Je sens ta grande âme.
Je suis ton éléphant,
Forte,
Et je porterai
L'héritage de ton amour,
En moi,
A jamais.

Le soir de ton enterrement,
Je suis allée au stade,
Là où tant de fois tu avais vibré.
Le cœur lourd,
J'ai franchi les portes,
Comme pour boucler un cercle.
L'AJA jouait,
Et même dans cette nuit de tristesse,
J'ai ressenti ta présence.
C'était comme si chaque coup de sifflet,
Chaque pas des joueurs sur le terrain,
Tu étais là,
A mes côtés,
Pour un dernier match,
Une dernière victoire ensemble.
Chaque but,
Résonnait comme un cri,
Une célébration de ta vie,
Un élan d'infini.

Et puis, une fois installée,
Il est apparu,
Cet arc-en-ciel,
Au-dessus du stade,
Juste en face de moi,
Comme un pont entre toi et moi.
Je l'ai vu comme un signe,
Un clin d'œil,
Une promesse de ta part.
Ce soir-là, j'ai compris
Que tu ne me quitteras
Jamais vraiment
Je t'ai senti dans cet arc de couleur,
Dans la beauté de ce ciel
Qui s'ouvrait après la tempête.
Comme un message après cette journée douloureuse,
J'ai compris que la couleur allait renaitre.

Cet arc-en-ciel est né,
Une promesse de lumière,
Une couleur pour m'apaiser.
Tu m'as montré que l'amour
Transcende le temps,
Qu'un lien se tisse entre nous,
Au-delà des tourments.
Dans chaque goutte de pluie,
Je sens ta présence,
Un murmure du ciel,
Une douce résonnance.
Je regarde l'horizon,
Je cherche ton reflet.

**L'ombre de l'absence**

La maison respire encore ton odeur,
Mais elle s'éteint peu à peu,
Comme une bougie oubliée.
Tes rires et nos souvenirs
Résonnent dans ces murs.
Chaque porte qui s'ouvre
Me fait espérer
Que tu apparaitras,
Mais il n'y a que l'air froid
Du souvenir.
Je ne suis que spectatrice
De ton âme qui danse,
Sans pouvoir la toucher.

J'ai tenu ta main,
Comme un phare dans la nuit,
Et j'ai vu en toi, toute ta force,
Refusant de lâcher,
Ta force était ma lumière,
Ta douleur un cri.
Et même si tu es parti,
Je sais que tu es ici.

La souffrance s'installe,
Silencieuse comme une ombre,
Un poids lourd sur la poitrine,
Un murmure lancinant
Qui grignote les jours.

Il y a des matins où le jour se lève sans moi,
Où la lumière semble trop vive
Pour que je l'affronte.
Je suis fatiguée d'être forte,
Fatiguée de sourire aux autres,
Comme si tout allait bien,
Comme si l'absence n'était qu'une ombre passagère.
Mais elle est là cette absence,
Partout.
Elle s'immisce dans mes gestes,
Dans mes pensées,
Et chaque journée est un marathon
Silencieux,
Ou je tente de ne pas m'effondrer.
Je veux crier,
Mais je me contente de marcher
Lentement,
Portant ce poids invisible
Que personne ne voit.

J'ai cette peur constante,
Tapie dans l'ombre,
La peur que le temps efface tout.
Les moments passés avec toi,
Les rires, les souvenirs,
Tout cela pourrait s'évaporer,
Je veux graver ton image dans ma mémoire,
La protéger du vent de l'oubli
Mais chaque jour, un détail s'efface,
Une infime partie de toi disparait
Alors je lutte
Je lutte pour garder chaque fragment de toi
Intact.
Comme si en te maintenant vivant en moi,
Je pouvais te sauver encore une fois.

Dans le crépuscule de la vie,
La souffrance s'étend
Comme une brume épaisse,
Etouffant les souvenirs,
Les rires d'hier,
Transformés en échos lointains,
Les regards perdus
Dans un labyrinthe de douleur.

Même si le silence a volé son chant,
Je sais qu'au fond de moi, il rugit encore,
Vibrant.
Dans les souvenirs d'un père,
Je chéris chaque instant,
Chaque leçon.
Dans chaque défi,
Chaque larme versée,
Je sens son esprit me guider,
Jamais effacé.

Le deuil est une mer agitée,
Un océan qui semble sans fin,
Mais un jour, je le sais,
Les vagues cesseront de taper si fort.
Il restera des marées basses,
Des souvenirs doux-amers,
Mais aussi des moments de calme,
Ou je respirerai à nouveau.
Un jour, je me rappellerai de toi
Sans que cela ne me déchire autant,
Un jour, ta mémoire sera une lumière,
Et plus une douleur.

**Le ciel se referme**

Les corps autrefois pleins de force,
Sont désormais des ombres,
Des souvenirs décharnés,
Où la dignité se dissipe,
Comme le sable entre les doigts,
Où chaque geste devient une épreuve,
Chaque mot, un défi,
Et le temps,
Ce cruel voleur,
S'empare
Des dernières lueurs.

On observe les mains tremblantes,
Les doigts qui cherchent,
Mais ne trouvent plus
La chaleur d'une étreinte
La douceur d'un mot,
Et l'indignité se dévoile
Dans les larmes des proches,
Dans les souffles entrecoupés,
Dans l'absence d'un dernier regard.

Les adieux deviennent des murmures,
Un souffle dans le vent,
Un mot sur le fil.
Et la tristesse s'installe,
Comme une mélodie dissonante,
Une berceuse
Que l'on ne veut pas entendre,
Mais qui résonne
Dans le cœur.

Les derniers souffles
Sont souvent les plus lourds.
On les attend,
On les craint,
On les espère,
Un jour,
Mais ils tardent à venir,
Ils s'étirent,
Ils s'accrochent
Comme si la vie refusait
De lâcher prise,
Dans la nuit proche.

Les derniers soupirs sont des chants,
Un hymne à la vie,
Et même si la dignité n'est plus,
L'amour reste
Comme un phare dans la tempête
Guidant les cœurs égarés,
Rappelant que chaque fin
Est aussi un nouveau commencement,
Un retour à l'essence
Où les âmes se rencontrent,
Et ou la lumière de l'amour
Brille encore
Dans l'éternité.

Il est né dans la lumière douce de l'aube,
A 5h20, quand le ciel encore s'enrobe
Des teintes rosées d'un nouveau jour,
Un premier jour,
Une promesse d'amour.

Et puis, des années plus tard,
A la même heure,
Son dernier souffle,
Une fin,
Une lueur,
Comme si la vie
Dans un cycle parfait,
L'avait ramené,
Là où tout a commencé.

5h20,
Une heure écrite dans son destin,
Une heure où l'univers
S'incline en refrain.
Il est parti comme il est venu,
Dans le silence,
La boucle se ferme,
Avec une étrange évidence.
C'est beau,
C'est troublant,
C'est l'écho d'un signe,
Comme si le temps avait tracé sa ligne,
Du premier cri
Au dernier souffle,
Une harmonie.

Et moi,
Je regarde cette heure,
Avec respect,
5h20,
Une heure gravée dans mes secrets,
Dans ce lien entre le début et la fin,
Je trouve la beauté,
Même dans le chagrin.

**Les heures cruelles**

Les heures, les jours s'étiraient,
Cruelles et sans fin.
Chaque minute,
Une blessure sur son chemin.
Je regardais son corps,
Ce temple abattu,
Mais son cœur lui,
Ne s'était pas rendu.

Le silence régnait,
Oppressant et froid,
Mais, sous ce calme,
C'était la guerre, la loi.
Il luttait contre l'invisible,
Contre la fin,
Chaque instant,
Une bataille
Pour un simple lendemain.

Ce n'est pas ainsi
Que l'on devrait partir,
Dans la douleur,
Dans l'oubli,
Sans avenir,
Il aurait dû trouver la paix,
La douceur,
Mais, la maladie l'a pris,
Pièce par pièce,
Heure par heure.

Un lion ne meurt pas en silence,
Il rugit,
Jusqu'à ce que la nuit l'emporte
En cadence.
Ton corps brisé,
Ton souffle coupé,
Mais ton esprit, lui,
Continuait de lutter.

Chaque battement de cœur,
Une révolte
Contre l'oubli,
Tu as combattu la mort
Avec une force infinie,
Défiant l'agonie,
Jusqu'au dernier combat.
Les dernières heures,
C'était toi et moi,
Assis côte à côte,
Ta main dans la mienne,
Fragile, mais encore là,
Comme un fil que je voulais retenir,
Une dernière fois.
Ton regard perdu dans les souvenirs,
Mais, la musique,
Elle, te tenait encore en vie.

Johnny chantait pour toi ce soir-là,
Et dans ma main,
Je sentais encore battre un peu de toi.
Ton combat touchait à sa fin,
Mais tu restes avec moi,
Dans chaque note,
Dans chaque souvenir,
De ce dernier au revoir.

« Je te promets » chantait-il
Et moi, je te promettais
De rester là jusqu'au bout,
De t'aimer à jamais.
Ces notes étaient tout ce qu'il restait,
Un lien invisible,
Entre la terre et le ciel
Que tu frôlais.

La musique en fond,
Il chantait,
Mais tes forces s'éteignaient.
Je savais que bientôt,
Tu t'en irais

La musique a porté ces instants suspendus,
Comme une prière murmurée
Entre deux battements perdus.
Je t'ai accompagné jusque dans l'ombre douce.

Le corps,
Une prison,
Les souvenirs s'estompent,
Les rires d'autrefois,
Des échos lointains.
Et chaque respiration,
Une lutte,
Un appel au secours
Dans une mer de solitude.

Les visages se rapprochent,
Mais les mots
Se heurtent.
Les promesses de réconfort,
Mélancoliques,
Se perdent dans le bruit des machines,
Des sons mécaniques
Qui rythment
Cette danse macabre,
Tandis que la dignité
S'effrite
Comme un vieux livre.

On se souvient des passions,
Des rêves embrasés,
De la force d'un regard,
Et maintenant,
C'est la faiblesse qui s'impose,
La chair flétrie,
Les mains tremblantes.
Et l'on se demande
Où est l'honneur de la vie
Dans cette déchéance ?

**Mourir dans la dignité ?**

Il n'y a pas de dignité dans l'agonie,
Pas de justice dans ces douleurs infinies.
La vie s'échappe,
Comme du sable entre nos doigts,
Et pourtant, il résistait.

Son souffle était lourd,
Ses yeux fatigués,
Mais, il refusait de se laisser emporter,
Un lion, jusqu'au bout,
Rugissant dans l'obscurité,
Refusant que la mort ne le prenne.

Comment peut-on regarder sans agir,
Quand quelqu'un que l'on aime,
Est sur le point de mourir ?
Les heures passent,
Lentes et suffocantes.
Et son corps souffre,
Sous l'emprise dévorante

Je ne comprends pas cette loi silencieuse,
Qui laisse des hommes agoniser,
Sans trêve précieuse.
Il méritait plus,
Il méritait la paix,
Pas cette douleur
Qui s'étirait en secret.

La dignité ne devrait jamais être perdue,
Pas même au seuil de la mort,
Quand tout est perdu.
Et pourtant,
On laisse souffrir,
On laisse attendre,
Comme si la vie,
Même brisée,
Devait encore attendre.

La vie n'est pas la douleur prolongée,
Elle n'est pas une flamme
Qu'on refuse d'éteindre.
Elle est douce quand elle s'en va,
Si on lui permet de finir comme elle doit.

Offrons à ceux qui partent
La paix qu'ils méritent,
Une main dans la leur,
Un adieu sans limite,
Que la fin soit tendre,
Qu'elle ne soit pas lutte,
Mais plutôt un dernier souffle,
Ou l'on s'envole enfin,
Libre.

La mort n'est pas l'ennemi,
C'est la délivrance.
Mais on la retient,
On l'a fuie,
Avec insistance.
Et ceux qu'on aime sont là,
A subir l'attente,
Leurs corps meurtris,
Leurs âmes vacillantes.

Ne devrait-on pas les laisser partir en paix ?
Leur offrir une fin qui ne soit plus un essai ?
Qu'ils s'éteignent
Comme une étoile dans le ciel,
Calmement,
Sans cette lutte cruelle.

On devrait vivre la mort sans crainte,
Sans horreur,
Avec la douceur
De ceux qui n'ont plus peur.
Mais pourquoi est-elle si longue,
Si cruelle parfois,
Quand on sait qu'au bout
Il n'y a que la paix qui nous attend là ?

Même si la fin est cruelle,
Si elle dérobe la dignité,
L'amour demeure,
Un fil d'or
Tissé entre les âmes,
Une promesse éternelle,
Un souffle partagé
Dans les dernières lueurs de la vie,
Nous rappelant que,
Même dans la douleur,
La beauté persiste,
Et que chaque cœur
Emporte avec lui
Un éclat de lumière.

Ne laissons pas le temps faire de la mort
Une épreuve.
Offrons-lui la place qu'elle réclame,
En douceur.
La fin de vie ne devrait pas être un mur
A franchir,
Mais un chemin calme,
Un lieu où l'on se laisse partir.

Si la dignité s'estompe,
L'amour demeure,
Comme une étoile dans la nuit,
Brillant d'une lumière douce,
Un phare dans la tempête,
Rappelant à ceux qui restent
Que chaque vie,
Malgré ses imperfections
Porte en elle une beauté,
Une histoire,
Jusqu'à la dernière seconde.

Dans cette indignité,
Il y a une beauté
Qui émerge,
Un rappel brutal
De notre humanité,
Des mains qui se joignent
Des regards qui se croisent,
Un dernier sourire,
Un acte de résistance,
Un éclat d'amour
Dans l'obscurité.

**Acceptation et résilience**

La douleur est une montagne,
Une épreuve à gravir.
Chaque pas,
Un combat.

La souffrance s'étend
Comme une marée noire,
Engouffrant tout
Sur son passage
Un poids sur l'âme,
Un cri sourd dans la gorge
L'absence d'un sourire
Un vide que rien ne peut combler.

Les souvenirs se mêlent,
A la fois doux et amers
Des promesses non tenues
Des rêves effondrés,
Et je me retrouve seule
Naviguant dans des eaux troubles
Cherchant des rives de paix
Dans un océan de douleur.

Je cherche des éclats de beauté
Dans les fissures de mon cœur,
Une fleur qui pousse,
Une étoile qui brille
Dans la nuit la plus sombre.

Les larmes deviennent un baume,
Nettoyant les blessures,
Je découvre la force
Cachée dans les pleurs,
La résilience émerge.

La souffrance
Est un voyage,
Un chemin
A travers les ombres,
Une invitation
A aimer,
A embrasser
Chaque instant.

Les nuits sont longues,
Tissées d'angoisses
Le sommeil fuit
Comme un oiseau effrayé,
Et les pensées
Sont comme des vagues
Qui s'écrasent
Contre les murs de l'âme.

On porte la douleur
Comme un manteau usé
Parfois elle nous transforme,
Nous façonne,
Nous enseigne,
Avec une intensité brûlante
A voir la beauté
Dans les fissures de la vie.

Chaque larme
Un fleuve de mémoire,
Chaque cicatrice,
Un témoignage de survie
Et dans cette souffrance,
Nous sommes tous des artisans,
Modelant notre douleur,
Transformant les ombres
En lumière.

Dans ce chemin tortueux,
Je découvre la force,
Celle qui jaillit des larmes,
Celle qui transforme la douleur
En une sagesse crue,
En une lumière vive,
Qui éclaire le sentier
Vers un nouveau départ.

La souffrance,
Bien qu'elle soit un poids
Est aussi une clé
Qui ouvre des portes
Sur l'amour,
Sur la résilience,
Et sur cette force
Qui nous unit tous
Qui nous rappelle
Que dans la vulnérabilité
Nous sommes humains
Et que chaque cœur battant
Porte en lui l'écho
De ceux qui ont aimé,
De ceux qui ont souffert,
Et de ceux qui continuent
A espérer.

A toi qui as connu la douleur,
Qui as vu la souffrance,
Frapper à ta porte,
Saches que tu n'es pas seul,
Que même dans l'obscurité,
La lumière emporte.

La vie nous met à l'épreuve,
Sans prévenir,
Elle nous prend ceux que nous aimons,
Mais dans cette lutte,
Il y a tant à apprendre,
Une force insoupçonnée,
Un profond sillon.

Rappelle-toi de ces moments partagés
De ces rires,
De ces histoires,
De ces chants,
Ces souvenirs,
Bien que douloureux
Ils sont des trésors,
Que tu garderas,
Ardemment.

Il est normal de pleurer,
De crier,
De ressentir la colère
Et la tristesse
Mais, ne laisse pas ces émotions
T'emporter,
Permets-toi de ressentir,
C'est là que se trouve la richesse.

Parfois, la guérison vient d'un regard,
D'une main tendue,
D'une oreille attentive,
Ose parler de ta peine,
De ton regard,
La vulnérabilité est un acte,
Une force.

Quand la tempête
Semble ne jamais finir,
Quand les jours sont sombres,
Le cœur lourd,
N'oublie pas que chaque pas,
Même petit,
Est une victoire,
Un chemin vers le jour.

Même si le chemin semble long et sinueux,
Chaque jour est une nouvelle page
A explorer
La résilience se tisse
Dans les cœurs courageux
C'est une danse,
Un voyage,
Un art de s'adapter.

Ensemble,
Nous pouvons porter nos fardeaux,
Nous soutenir,
Nous élever,
Nous inspirer
Ne sous-estime jamais la beauté
De ton récit
Car c'est dans la lutte
Que l'on apprend à aimer.

Chaque personne qui souffre,
Chaque cœur qui pleure,
Peut trouver dans nos luttes une force,
Une lueur.
Nous sommes tous des lions,
Affrontant nos tempêtes.
Et dans la mélodie de la vie,
L'amour nous complète.

Au cœur de la nuit,
Une lumière vacille,
Un murmure d'amour,
Qui traverse les âges,
Car même dans l'obscurité,
L'humanité trouve son chemin
Un geste de compassion,
Une présence silencieuse,
Qui dit « je suis là.

Dans ce tumulte
Une lueur émerge,
Un souffle de vie,
Une main tendue

Les gestes de tendresse,
Les mots murmurés
Réchauffent l'âme
Comme un rayon de soleil
Après la tempête

Accueille chaque instant,
Même les plus durs
Trouve de la force
Dans les souvenirs d'hier
Et souviens-toi
Que même au fond des nuits obscures
Une nouvelle aurore se lève.

Alors avance,
Pas à pas,
Sache que tu es plus fort
Que tu ne le crois
Chaque battement de ton cœur
Est une victoire,
Et dans ta lumière,
Tu peux inspirer l'histoire.